ÉTUDE

SUR UNE

QUESTION RELATIVE A LA LIBERTÉ DE L'ENSEIGNEMENT

DU DROIT

Par

Louis ARNAULT

Membre de l'Académie de Législation
Professeur d'Économie politique a la Faculté de Droit de Toulouse

Conseiller général du département de Tarn-et-Garonne

TOULOUSE

IMPRIMERIE DE BONNAL ET GIBRAC
RUE SAINT-ROME, 44.

—

1876

ÉTUDE

SUR UNE

QUESTION RELATIVE A LA LIBERTÉ DE L'ENSEIGNEMENT

DU DROIT

PAR

Louis ARNAULT

MEMBRE DE L'ACADÉMIE DE LÉGISLATION
PROFESSEUR D'ÉCONOMIE POLITIQUE A LA FACULTÉ DE DROIT DE TOULOUSE

Conseiller général du département de Tarn-et-Garonne

TOULOUSE

IMPRIMERIE DE BONNAL ET GIBRAC

RUE SAINT-ROME, 44.

—

1876

EXTRAIT

DES MÉMOIRES DE L'ACADÉMIE DE LÉGISLATION

Cette lecture a été faite à l'Académie au mois de mai 1875. Elle n'a pu être publiée avant le volume du Recueil de l'année 1875, qui est en cours d'impression.

1er juin 1876.

TABLE

ÉTUDE

SUR

UNE QUESTION RELATIVE A LA LIBERTÉ DE L'ENSEIGNEMENT DU DROIT

La loi sur la liberté de l'enseignement supérieur va être présentée en troisième lecture à l'Assemblée nationale; (1) je suis de ceux qui ont lu avec la plus grande attention les débats animés auxquels elle a déjà donné lieu, et qui suivront de même ceux qui vont s'ouvrir. Je suis aussi de ceux qui, d'une manière générale, sont favorables à la liberté d'enseignement; car elle découle de la liberté même du père de famille, chargé par la nature, comme par la loi, de l'éducation physique, religieuse, morale et intellectuelle de son enfant. Si l'Etat, aidé de l'Eglise, a en-

(1) L'auteur de ce travail lui a laissé sa physionomie primitive, malgré le vote ultérieur de la loi relative à la liberté de l'enseignement supérieur (loi du 12 juillet 1875), parce que cela ne change rien au fond des idées qui y sont émises ; il a cru devoir seulement ajouter quelques notes, pour mettre cette étude au courant.

trepris sur cette liberté dans notre ancienne monarchie et l'a confisquée, si l'Etat seul a suivi de nos jours des errements analogues, par la toute-puissance de Napoléon Ier, on doit dire qu'il y a eu là des exceptions, des monopoles qui ont eu sans doute, comme d'autres, leur raison d'être ; mais que le retour à la règle doit être favorable dès que les circonstances le permettent.

On l'a fait pour l'enseignement primaire et l'enseignement secondaire, et aujourd'hui personne, hormis les violents, ne se plaint du nouvel état de choses, et ne demande le retour à cette sorte d'expropriation par l'Etat.

La majorité de l'Assemblée nationale pense que le moment est venu de tenter un essai semblable pour l'enseignement supérieur, malgré l'obstacle de la collation des grades, qui soulève une question des plus délicates à cause des diplômes professionnels protégés et garantis par l'Etat. Il semble bien qu'il doive être appelé à conférer seul des prérogatives que seul il peut défendre par ses lois ; jusqu'ici l'Assemblée paraît vouloir se prononcer pour le système des jurys mixtes, où l'Etat jugerait sa présence suffisante par celle d'une majorité d'examinateurs nommés par lui et relevant de lui. (1)

Sur tous ces points, nous attendons et nous recevrons avec respect les décisions de l'Assemblée nationale ; tou-

---

(1) C'est en ce sens que s'est, en effet, prononcé l'article 13 de la loi. Il admet l'option pour les élèves des écoles libres de se présenter devant le jury de l'état ou devant un jury spécial : toutefois, le baccalauréat ès-lettres et le baccalauréat ès-sciences restent exclusivement aux Facultés de l'Etat. A la séance du jeudi 23 mars 1876, M. Waddington, ministre de l'Instruction publique, a présenté à la chambre des députés un projet de loi portant abrogation des articles 13 et 14 de la loi du 12 juillet 1875, et rendant aux Facultés de l'Etat le droit exclusif de conférer les grades. Si ce projet aboutit, le système des jurys mixtes aura été aboli sans avoir été expérimenté.

tefois je n'ai pu m'empêcher de regretter que nos collègues députés, professeurs et agrégés dans plusieurs de nos Facultés de droit, n'aient pas présenté à la tribune certaines observations spéciales à cet enseignement, qui lui font et lui ont fait toujours une place à part dans la diffusion des connaissances humaines. On a bien prononcé les mots d'écoles de socialisme et autres semblables, mais je crois pouvoir dire qu'on n'est pas allé au fond des choses, puisqu'on n'a pas voulu examiner à part ce qui obéit à des règles spéciales ; tant nous sommes toujours disposés à confondre l'uniformité avec l'unité (1).

La science du droit se présente, en effet, sous deux aspects : l'un philosophique et historique — on peut ainsi étudier le principe abstrait du juste et de l'injuste, scruter le problème du droit de punir, faire l'histoire des institutions, etc., etc., — ici, cette science ne diffère pas des autres, de la médecine, de la philosophie, des lettres, de l'histoire, des sciences naturelles ou mathématiques, etc., et si la liberté d'enseigner ces dernières est accordée, rien ne s'oppose à ce qu'on accorde aussi celle d'enseigner le droit ainsi envisagé.

Mais il y a une autre face. Les sociétés ne vivent et ne se soutiennent que par des lois obéies par le peuple, et sanctionnées par la puissance publique ; à vrai dire, elles n'ont été divinement instituées que pour substituer ce règne des lois à celui de la force et du caprice individuels. Or, l'étude du droit consiste surtout, dans nos sociétés affairées, à connaître ces lois actuelles, promulguées, vivantes et obéies, dont la trangression met en jeu toute la puissance

---

(1) Voir cependant le discours de M. Lepetit, doyen de la Faculté de droit de Poitiers, lors de la troisième lecture de la loi à l'Assemblée nationale, où la question de la liberté de l'enseignement du droit est serrée de plus près.

sociale. Dans un pays où ces lois sont faites au nom de tous, par un homme ou une réunion d'hommes officiels qu'on nomme le législateur, où elles sont interprétées par des hommes officiels qu'on appelle juges, exécutées par les soins d'hommes officiels qui sont le ministère public, l'armée, etc., dans un tel pays est-il étonnant, n'est-il pas logique, au contraire, que les lois ne soient enseignées que par des hommes officiels ? Puisque le droit positif y est un droit d'Etat, et non un droit coutumier, pourquoi l'enseignement du droit n'y deviendrait-il pas un enseignement d'Etat, émanant de lui, tout comme la justice, le ministère public, la force armée ?

Telle est la question que je me propose d'examiner à la lumière de l'histoire. Qu'on veuille bien le remarquer ? Je ne me propose pas de discuter, je veux surtout exposer et à peine conclure. La doctrine que vous soutenez, me dirat-on, est césarienne; tant pis, répondrai-je, si elle découle forcément de l'état des choses ; renoncez aux causes, brûlez les codes, revenez aux Parlements se recrutant presque d'eux-mêmes, ou mieux encore à la procédure formulaire, aux magistrats annuellement élus et aux juges citoyens, renoncez à l'exécution des sentences par la force publique, et rendez-nous l'exécution par la partie gagnante, comme au temps des actions de la loi, etc., et alors vous aurez rendu facile la liberté de l'enseignement du droit. Mais, si vous persistez à vouloir des codes d'Etat, une justice d'Etat, un ministère public d'Etat, une force publique chargée de l'exécution des jugements, en un mot, un droit d'Etat, soyez logiques, et veuillez aussi un enseignement d'Etat de la législation.

Cette marche nécessaire, et en quelque sorte fatale des effets dérivant des causes, va nous apparaître, grâce à un coup-d'œil rapide sur l'histoire, soit des Romains, nos maîtres en ces matières, soit de notre ancienne France.

I.

L'enseignement du droit a toujours eu une place à part dans le monde romain, et il a suivi les phases de la formation de cette science. Primitivement, sous la République, il se confondait avec la pratique même du droit, comme cela existe encore en Angleterre, et les jurisconsultes professaient. Pomponius assure que Tiberius Coruncanius, le premier plébéien devenu grand Pontife, passait pour avoir enseigné le premier publiquement (407 av. J.-C.); ce que Pothier entend de la présence des disciples aux consultations pour noter les réponses et les raisons données à l'appui (1). Ils accompagnaient aussi leur maître devant le magistrat et au *forum*. Les plus grands jurisconsultes furent ainsi en même temps professeurs, et Cicéron a pu dire : *Jus civile docere semper pulchrum fuit, hominumque clarissimorum discipulis floruerunt domus* (2).

Dans le même temps, des écoles consacrées aux autres enseignements s'étaient fondées à l'image de la Grèce : *Influxit non quidem e Græcia rivulus in urbem, sed abundantissimus amnis illarum disciplinarum et artium* (3); mais leurs maîtres n'étaient pas considérés; ce furent d'abord des grammairiens étrangers qui vinrent tenir publiquement école moyennant salaire, et on ne trouve dans leur liste dressée par Suétone le nom d'aucun citoyen romain. Dans les grandes familles, l'office d'instituteur était confié à des esclaves lettrés, souvent achetés fort cher, dans les autres aux plus vils esclaves.

---

(1) L. 2 , § 35, D. 1, 2 : Pothier, *Pand. in. nov. ord. ad hanc legem.*

(2) *Orator*, 41. 142.

(3) Cicéron, *Rep.* 2, 19.

Cet enseignement de la littérature ne fut d'ailleurs soumis à aucune entrave ; mais il en fut autrement des rhéteurs et des philosophes dont le Sénat (593) et les censeurs (662) défendirent l'enseignement public, qui fut longtemps laissé aux affranchis. Sénèque rapporte que, sous Auguste seulement, on vit, pour la première fois, un chevalier romain, Blandus, enseigner la rhétorique (1).

Ainsi, des différences profondes séparaient déjà l'enseignement du droit des autres, soit quant à l'origine et à la considération des maîtres, soit quant au mode d'enseigner lui-même ; elles iront sans doute en s'atténuant, mais elles subsisteront cependant toujours à cause de la nature particulière de la science du droit positif. Elle est une science d'Etat, formée et enseignée dans ces temps primitifs par les hommes d'Etat eux-mêmes successivement avocats, magistrats, grands pontifes, et toujours professeurs, parce qu'ils vivaient entourés de disciples. Il y a plus ; elle était faite aussi par chaque citoyen, puisque chacun, comme juge, pouvait avoir à rendre des décisions formant jurisprudence et destinées à enrichir le trésor du droit ; chacun avait ainsi besoin de le connaître et pour cela de s'en instruire auprès des jurisconsultes, dès qu'il fut sorti du secret où l'avait maintenu longtemps l'aristocratie dirigeante (2).

Si nous passons à l'époque connue sous le nom de

---

(1) Voir M. Naudet, Mémoire sur l'instruction publique chez les anciens, dans le Recueil de l'*Académie des Inscriptions et Belles-Lettres*, t. IX. p. 397 et seq.

(2) Comme exemple de cette opinion d'ailleurs injuste de la supériorité de l'enseignement du droit, nous citerons celui de Cujas auquel un de ses ennemis, Jean Robert, reprochait, « comme si c'eût été l'action la plus vile pour un jurisconsulte, d'avoir enseigné la grammaire dans sa jeunesse. » Berriat Saint-Prix, *Histoire du Droit romain*, p. 315.

temps classique du droit, du 1ᵉʳ au 11ᵉ siècle de notre ère, nous aurons à faire des observations analogues.

« Du temps de la République, dit M. de Savigny, l'éloquence et la jurisprudence servaient aussi sûrement que les armes à la faveur du peuple et à la gloire. L'éloquence, le premier art de la paix au jour de la liberté, vit tomber avec elle son honneur, sa force, sa puissance. Or, de toutes les parties de la vie publique, le droit civil était celle où la vieille Rome se retrouvait davantage. Aussi quiconque se sentait encore un cœur romain devait y reconnaître sa patrie, et les plus nobles forces durent lui tomber en partage. Tout se réunit donc pour élever la science du droit à cette hauteur où nous la voyons du 1ᵉʳ au 11ᵉ siècle, hauteur qu'elle n'atteignit jamais chez aucun peuple, ni dans aucun temps (1).

Aussi, nous trouvons alors de véritables professeurs de droit, et des écoles, *stationes*, comme l'attestent de nombreux textes, sans qu'on puisse d'ailleurs préciser l'époque de leur fondation. Quoiqu'il y ait eu sur ce point des controverses, il est probable que ces professeurs furent entourés d'une grande considération ; c'est à leur propos qu'Ulpien dit : *est quidem res sanctissima civilis sapientia* (2) ; et les plus grands jurisconsultes ont été également professeurs dans cette période. Labéon, dit Pomponius, passait six mois avec ses élèves, six mois à écrire des livres (3). Paul, Ulpien et tant d'autres qui occupèrent les plus hautes charges de l'État ne dédaignèrent pas de composer des traités élémentaires destinés à l'enseignement ; on a même conjecturé que les célèbres Instituts de Gaius ne sont pas autre chose que le cahier qu'il dic-

(1) Savigny, *Histoire du Droit romain au Moyen-Age*, t. I. ch. 1.
(2) L. § 5, D., 50, 13.
(3) L. 2, § 47, D. 1, 2.

tait à ses élèves, avant l'explication orale, selon une pratique suivie encore en Allemagne, et même à Toulouse, ordonnée d'ailleurs par les premiers statuts de l'Université impériale (1).

Les mêmes jurisconsultes et d'autres encore nous ont laissé des livres de *Disputationes* ou de *Quœstiones publicœ* qui correspondent à un autre ordre d'idées et d'enseignegnement. Il s'agit de questions traitées dans des *Publica auditoria* par les élèves eux-mêmes sous la présidence d'un jurisconsulte qui était chargé de répondre. Du reste le *docens* ou *respondens* n'était pas soumis à des conditions spéciales, et la liberté de l'enseignement était complète. Cependant, pour jouir de certains privilèges accordés alors par les empereurs, il fallait une déclaration à l'autorité, *professio*; d'où le nom de *professores*, qui est toutefois plutôt appliqué à ceux qui enseignent les arts libéraux, pendant que le nom de *doctores legum* désigne les professeurs de droit. Mais ces derniers ne pouvaient réclamer à la justice d'honoraires, tandis que pour les autres une *cognitio extraordinaria* était ouverte. La raison de la différence se tire, d'après Ulpien, de l'importance même de leur science — *cujus merito quis nos sacerdotes appellet* — il ne défend pas de recevoir ces honoraires, mais de les demander : *quædam enim, tametsi honeste accipiantur, inhoneste tamen petantur* (2), noble tradition qui est encore celle du barreau de Paris.

Il ne faut pas, d'ailleurs, confondre ce droit général d'enseigner avec le *jus respondendi* accordé par l'empereur à certains jurisconsultes dont les décisions avaient alors une autorité particulière. Il nous suffira de faire remar-

---

(3) Voir une monographie de M. Dernburg : *Die institutionen des Gaius*, Halle, 1869.

(4) Loi 1, § 5, D., 50, 13.

quer que plusieurs jurisconsultes qui ont joui de cette prérogative ont aussi professé, comme Scévola, Paul, Ulpien, qui peut-être avait enseigné à Béryte, Papinien, etc. ; nouvelle preuve que, dans cette période, comme dans la première, l'enseignement et la pratique du droit allaient ensemble, et que les plus grands praticiens ne dédaignaient pas d'être professeurs, parce qu'ils étaient les fondateurs mêmes de la science qu'ils enseignaient et pratiquaient, les *juris conditores*.

Avec le Bas-Empire, nous arrivons à l'enseignement officiel par des maîtres nommés et surveillés par l'empereur ; cependant ces écoles ne furent organisées que fort tard ; en effet, dans l'Édit du maximum (fin du IIIᵉ siècle) de Dioclétien, on trouve le taux des honoraires des divers professeurs par élève et par mois ; ce qui donne lieu de croire que c'était encore un service privé. Mais, chose remarquable ! il n'y a pas le prix des études de droit, mais simplement celui de la *postulatio* et de la *cognitio*, c'est-à-dire de l'introduction d'un procès et de la représentation en justice ; assurément parce que le principe posé par Ulpien était réservé : la défense d'exiger des honoraires ; et aussi parce que l'enseignement du droit se confondait avec l'exercice de la profession d'avocat ou de jurisconsulte.

En 425 fut créée l'école de Constantinople, sous Théodose II et Valentinien III, par une constitution que le Code Théodosien nous a conservée (1). Les professeurs sont choisis par le Sénat et confirmés par l'empereur ;

_____

(1) Loi 3, C. Th. 14, 9. J. Godefroi, dans son Commentaire sur le code Théodosien, donne des détails sur les écoles de la Gaule ; mais on n'y enseignait ni le droit, ni la philosophie ; il fallait aller à Rome pour l'étude de ces sciences (Voir Comm. sur la loi 11, C. Th. *De medicis et professoribus*).

défense est faite à tous autres d'enseigner publiquement, mais la répétition ou leçon à domicile reste permise. Cette école ne comptait que deux professeurs de droit contre vingt-cinq de langue latine et grecque ou de philosophie; ce qui nous porte à croire que l'enseignement du droit restait toujours un peu à part, lié à la pratique, et que ces deux professeurs n'en montraient que les éléments, *juris ac legum formulas*, comme dit la constitution. Cependant, on sait par Justinien que les cours comprenaient alors trois années d'études élémentaires, à la fin desquelles seulement on abordait les difficultés avec quelques livres des *Responsa Papiniani*; dans une quatrième année, les élèves livrés à eux-mêmes étudiaient la suite des réponses de Papinien et les ouvrages de Paul. Mais, ce qui est fort à considérer, les constitutions impériales, la source principale du droit depuis trois cents ans, ne trouvaient aucune place dans cet enseignement; ce qui nous montre bien qu'il n'était que préparatoire, que l'étude auprès des praticiens jouait toujours le principal rôle.

Sous Justinien, l'enseignement du droit prend un nouveau caractère; cet empereur avait codifié les constitutions antérieures en remaniant et complétant le Code Théodosien, donné force de loi aux Institutes, livre élémentaire et au Digeste, recueil extrait des ouvrages des principaux jurisconsultes. Ce n'est donc plus le droit abstrait, ou la coutume et le droit en formation qu'il s'agit d'enseigner en le faisant, mais le droit fait, la loi elle-même. Aussi Justinien a-t-il pris soin de régler tout spécialement la matière par une constitution de l'an 533 placée à la suite de la première préface du Digeste. Elle est intitulée : *De ratione et methodo juris docendi*, et adressée aux *antecessores*; c'est ainsi qu'il qualifie les professeurs de droit d'un nom donné jadis aux apôtres, selon

Tertullien, comme pour indiquer qu'ils marchent en avant de la science. — La durée des études est fixée à cinq années qui embrassent toutes les matières, y compris les constitutions impériales; et, à ce propos, Cujas, se faisant l'écho de plaintes que nous pouvons reproduire, s'écrie qu'il y a de quoi rougir à la pensée qu'on peut de son temps supporter à peine trois années d'études, surtout par la faute des parents qui s'empressent d'envoyer leurs enfants au *forum* avec une science toute crue, qu'ils n'ont pas eu le temps de digérer; alors cependant que cette même science est devenue plus difficile !

« Si quinquennium vel quadriennium illa ætate qua mores, et jura, et verba civilia sane erant notiora, aut faciliora perceptu, quid non erubescimus ista, qua horrere spinis omnibus videntur omnia quæcumque de Jure ab antiquis prodita sunt, vix tamen in eis nos transigere triennium, plurimum vitio parentum, qui ut Petronius arbiter ait, cum ad vota properant, cruda adhuc studia in forum impellunt (1). »

Ainsi réglé, l'enseignement du droit devient absolument officiel et comme une sorte de magistrature, puisqu'il est l'enseignement même de la loi vivante et obéie : trois écoles seulement recevront des professeurs, Rome, Constantinople, Béryte, appelée *legum nutrix*.

L'empereur a appris qu'à Alexandrie, à Césarée et ailleurs, des hommes inexpérimentés ont osé livrer à leurs disciples une science adultérine, *doctrinam adulterinam*. S'ils se rendent désormais coupables du même fait, ils seront punis d'une amende de dix livres d'or et chassés de la ville où ils violent les lois, sous prétexte de les enseigner : *In qua non leges docent, sed in leges committunt.*

(1) *Obs.* Liv. 12, 40.

Les professeurs officiels sont, d'ailleurs, accablés par Justinien d'éloges et de titres pompeux, et leur nombre paraît avoir été de quatre par école.

Ajoutons, enfin, que ces changements dans l'enseignement du droit paraissent s'accorder avec la procédure en vigueur depuis la disparition du système formulaire, et qui est connue sous le nom de procédure extraordinaire. De même que désormais le droit émane tout entier de l'empereur, de même la justice est rendue, non plus par les citoyens, mais par des magistrats revêtus eux aussi d'un caractère officiel. Il n'est pas surprenant que les études destinées à les former soient dirigées par des hommes également officiels et chargés par l'empereur d'expliquer les lois qu'il a promulguées.

Aussi, Justinien, dans la préface des Institutes, fait-il ressortir le bonheur des étudiants de son temps, qui, au lieu de ne lire les constitutions impériales qu'à peine après quatre ans, et d'apprendre jusqu'alors dans de vieux livres, *ab antiquis fabulis*, vont les étudier de prime abord , et leur promet-il, s'ils ont bien travaillé, de leur confier une part du gouvernement de la chose publique ! (1)

Pour nous résumer, nous voyons que l'étude du droit a toujours eu, dans le monde romain, une physionomie spéciale, professionnelle. — Tant que le droit positif s'est formé de lui-même par la coutume , la jurisprudence des magistrats , les réponses des prudents officiels, par une sorte d'alluvion à la vieille loi des Douze-Tables, elle n'a pas été séparée de la pratique, et les mêmes hommes qui enseignaient la science étaient ceux qui contribuaient à la former et à l'appliquer.

(1) Voir pour tous les détails sur l'enseignement du droit chez les Romains l'excellente thèse de doctorat soutenue devant la Faculté de droit de Nancy par M. Georges Flach (Strasbourg, typographie de Fischbach, 1873).

Lorsque le monde romain a eu un législateur, au sens moderne du mot, et des tribunaux et des juges commes les nôtres, l'enseignement du droit est devenu celui des lois, les écoles ont été des écoles de législation positive, destinées à former des avocats et des magistrats, leurs professeurs ont été nommés au nom de l'empereur, sinon par lui-même, et nul autre qu'eux n'a pu se permettre d'expliquer les lois à la jeunesse ; car c'était là précisément une mission et un enseignement d'Etat, et, comme nous l'avons dit, une magistrature.

II.

En quittant Rome et Constantinople pour passer dans notre ancienne France, nous retrouverons les mêmes évolutions, les mêmes effets produits par les mêmes causes. Cependant, il faut constater tout d'abord que l'Eglise et l'État ont toujours eu la haute main sur l'enseignement en général, et plus tard l'État seul, tout spécialement en ce qui concerne le droit ; c'est ce qu'un examen rapide va démontrer.

Sans nous arrêter aux origines fabuleuses de l'Université de Paris qui remonterait au règne de Charlemagne, nous savons que cette corporation célèbre, la fille aînée de nos rois, fut organisée par une ordonnance de Philippe-Auguste en l'année 1201, mais que l'enseignement, même celui du droit romain, y était bien antérieur, et que ses statuts furent plusieurs fois modifiés par des commissaires royaux. Celle de Toulouse, que nous connaissons bien par les savantes recherches de notre regretté collègue, M. Rodière, et de M. Bénech, tire son origine du traité conclu en 1228 entre Louis IX, roi de France,

2

et Raymond VII, comte de Toulouse. Elle comprenait deux
professeurs décrétistes, ou professeurs de droit canon,
ainsi nommés parce que leur enseignement avait pour
base les décrétales. La bulle d'établissement de Grégoire IX,
en 1233, laissait, dit M. Rodière, aux professeurs de l'Université toute latitude pour l'enseignement du droit romain.
En 1328, le nombre des professeurs régents était de
douze, six en droit canon, six en droit civil ou romain.
M. Rodière a même publié les statuts de l'Université de
Toulouse de 1314, les plus anciens que l'on connaisse, et
dont notre Ecole possède le manuscrit.

Les professeurs étaient nommés à la dispute, au concours, c'est-à-dire reçus par la corporation elle-même,
avec agrément du roi selon l'ordonnance de Moulins de
1566, et l'article 86 de l'ordonnance de Blois, 1579, spéciale au droit. Mais les docteurs avaient aussi permission
de *lire*, pourvu que ce fût à d'autres heures que celles
prises par les professeurs titulaires. De plus, les gradués
d'une Université n'étaient pas admis à continuer leurs
études, et à prendre les grades supérieurs dans une autré
sans avoir subi un examen préalable devant celle-ci.

Nous allons voir se manifester d'une manière sensible
l'influence du pouvoir sur l'enseignement du droit. Le
concile de Tours, présidé par Alexandre III, en 1163,
défendit aux religieux profès de sortir de leurs cloîtres
pour aller lire soit la médecine qu'on entendait sous le
nom de physique, soit le droit civil auquel on donnait le
nom de lois mondaines. Ensuite le pape Honorius III, en
1219, renouvela cette prohibition par la fameuse décrétale : *Super specula*, qui fit défense, dans sa troisième
partie, d'étudier les lois dans la ville de Paris, non
plus que dans les cités et autres lieux voisins.

Quelle était la véritable portée de la décrétale ? Selon
Claude Joseph de Ferrière, elle ne concernait que les

ecclésiastiques. C'était le troisième chapitre d'un tout qui n'aurait pas dû être scindé, comme on l'a fait dans la collection des décrétales de Grégoire IX. Elle n'avait pour but que d'étendre aux ecclésiastiques ce que le concile de Tours avait dit des religieux, afin que cette étude ne les détournât pas de celle des Saintes Lettres (1).

Mais, d'après une autre interprétation, rapportée aussi par Ferrière, le roi Philippe-Auguste aurait lui-même prié le pape Honorius de faire cette défense d'une manière générale et applicable à tous, parce que, la souveraineté des rois de France semblait être blessée par la lecture du droit civil à l'Université de Paris.

Cette dernière opinion qui semble avoir été celle des plus anciens interprètes (2) est partagée par Charondas le Caron, qui rapporte dans le même sens d'une prohibition absolue une ordonnance de Philippe III, du lende-

(1) Voir dans le même sens M. Berriat Saint-Prix, *Histoire du Droit romain*, p. 214.

(2) Selon M. Troplong, cette opinon aurait été créée après coup par Philippe-le-Bel : « Revenant sur le passé et interprétant dans un sens
» favorable à la puissance temporelle des faits consommés sans sa partici-
» pation, il déclare que si le droit civil n'est pas enseigné à Paris, c'est
» parce que ses aïeux ne l'ont pas permis ; les papes n'étant intervenus
» dans ces défenses qu'à la demande des rois et pour joindre à la prescrip-
» tion civile la sanction des peines spirituelles... Je doute, je l'avoue, que
» le pape Honorius III, dont j'ai rappelé tout à l'heure les prohibitions,
» n'ait agi qu'à la requête du roi ; je doute que l'initiative ne vînt pas
» d'un système d'enseignement conçu à Rome dans un intérêt ecclésias-
» tique. Je crois fermement que Philippe renversait les situations, que
» c'étaient les papes qui poursuivaient le droit civil par une offensive
» qu'explique à merveille la politique romaine et que les rois se bor-
» naient à laisser faire. » — Cependant, M. Troplong dit encore : « On
voit cependant, qu'après Honorius III, le pape Innocent IV, défendant
le droit civil dans tous les royaumes, ajoute : « Si tamen hoc de regum
et principum processerit voluntate. » (*Du pouvoir de l'État sur l'enseignement*, p. 112).

main de l'Epiphanie, 1277, « prohibition d'alléguer aux jugements les constitutions des empereurs, où la coutume du lieu y répugnerait; » et ajoute-t-il, « par édit de Philippe IV, l'an 1304, instituant deux parlements, est ordonné que les conseillers ne seront subjets en droit romain és jugements és décisions des causes; » le tout, afin de ne pas paraître les vassaux de l'empire.

Il est intéressant de rapprocher de ces paisibles commentaires celui de MM. Isambert, Decrusy et Taillandier dans le *Recueil général des anciennes lois françaises* publié en 1829; il s'agit d'un édit de Louis XIV que nous retrouverons tout-à-l'heure :

« Cet édit est le premier qui ait ordonné l'étude du droit civil dans l'Université de Paris. Jusque là l'enseignement s'était borné au droit canonique. En vain des efforts avaient été faits lors de la renaissance de l'étude de la législation romaine en Europe, une bulle d'Honorius III de l'an 1220 était venue frapper cet enseignement d'anathème. Les termes de cette bulle méritent d'être cités ici ; il y est dit : *et qui contra faciunt non solum ad causarum patrocinium excludentur, verum etiam per episcopum excommunicationis vinculo innodentur.* On aurait, aujourd'hui, peine à concevoir tant de stupidité, si l'on ne savait que la cour de Rome a toujours combattu avec les armes qui lui sont propres tout ce qui peut tendre à l'agrandissement des connaissances humaines. Elle voyait dans l'étude de la législation romaine une rivale dangereuse pour la scholastique et la théologie et elle cherchait à l'anéantir (1). »

Disons-le à l'honneur de notre temps, aucun homme sérieux ne se permettrait aujourd'hui une telle violence de langage à propos d'une décrétale de 1219, si diverse-

(1) Tome XIX, p. 196.

ment interprétée, dans un recueil de textes, et en note d'un édit postérieur de cinq siècles !

Selon Ferrière, cette défense, quelle qu'en eût été le motif, aurait été violée, et il cite de nombreux professeurs de droit civil de l'université de Paris parvenus à de hautes dignités (1) ; aussi fut-elle renouvelée, d'une façon non douteuse et générale, par l'article 69 de l'ordonnance de Blois du mois de mai 1579 : « Défendons à ceux de l'Université de Paris de lire ou graduer en droit civil. »

Charondas le Caron assure que c'est afin de n'abattre, désestimer, et abolir les autres Universités, qui sont principalement destinées à la profession du droit civil (2). Aussi Ferrière affirme que cet article, non prévu dans les cahiers des États-Généraux, fut ajouté par le chancelier

---

(1) M. Laferrière est, au contraire, d'avis que la Décrétale fut observée. — Le Pape, selon lui, voulait assurer la prépondérance à l'école de Bologne (*Histoire du Droit français*, t. IV. p. 330 et seq.) — Comme preuve de l'observation de la Décrétale, nous citerons ces lignes de M. Berriat Saint-Prix : Le premier Parlement de France fit alors en sa faveur (il s'agit de Cujas) une honorable exception à une loi canonique qui défendait l'enseignement du droit civil dans l'Université de Paris. Il le permit à Cujas et l'autorisa même à délivrer des grades par un arrêt du 2 avril 1576.

Cet arrêt fut rendu sur le réquisitoire du procureur-général ; il est motivé notamment sur la nécessité de continuer l'instruction de divers jeunes gens de bonne maison, dont plusieurs avaient suivi Cujas de Bourges à Paris (Berriat Saint-Prix, *Vie de Cujas*, p. 409 et 598).

M. Jourdain (*Histoire de l'Université de Paris*, p. 248), s'exprime ainsi : «... Malgré les dispositions qui tendaient à circonscrire l'objet de ses études, l'Université de Paris ne cessa pas, avant comme depuis l'ordonnance de Blois, de compter un grand nombre de régents qui expliquèrent les Institutes et le Digeste, concurremment avec les Décrétales. » Cependant M. Jourdain constate, quelques lignes plus bas, qu'à Paris, faute d'un enseignement régulier, la jeunesse fréquentait des écoles clandestines.

(2) Code Henry, liv. XI, 1, 3, p. 326.

de Chiverny pour favoriser la ville d'Orléans, dont il était le gouverneur, et dans le territoire de laquelle il avait plusieurs terres considérables.

On prit prétexte de la décrétale d'Honorius, dit-il, et, pour donner une couleur de raison d'État à cet article 69, on posa encore pour principe qu'il était de l'intérêt du roi de défendre que dans la ville capitale de son royaume l'on enseignât les lois romaines, parce qu'autrement ce serait reconnaître tacitement quelque supériorité de l'empire sur le royaume de France qui est absolument indépendant de tout autre. — Tant il est vrai, ajouterons-nous, qu'on a toujours eu une tendance à reconnaître l'enseignement du droit comme un enseignement d'Etat!

Au reste, il paraît que cette disposition de l'ordonnance de 1579, qui réglait aussi bien d'autres points, notamment celui du concours pour les chaires dans son article 86, ne fut pas rigoureusement observée, et que les ennemis de l'Université de Paris s'en plaignirent souvent. Mais les choses furent régularisées par l'Edit de Louis XIV d'avril 1679, qui marque une phase nouvelle dans l'histoire des études juridiques.

Elles avaient décliné depuis un siècle, comme l'avoue le préambule de l'Edit. Mais, dit M. Rodière, quand eurent été promulguées les grandes et belles ordonnances de Louis XIV sur la procédure civile et criminelle et sur le commerce, l'attention des hommes éminents qui entouraient le monarque se porta sur l'enseignement du droit (1).

Ajoutons que l'enseignement du droit romain avait eu jusqu'alors, sauf à Paris où il était simplement toléré, un caractère semi-officiel seulement. Comme dans les premières périodes de Rome, le droit se formait aussi de lui-

(1) *Recueil de l'Académie de législation.* t. XV, p. 211.

même, par la coutume, dans les pays dits de coutume, et par le droit romain suivi comme raison écrite, sans parler de la jurisprudence, et d'un autre côté par le droit romain, la coutume et la jurisprudence dans les pays de droit écrit. Au contraire, l'enseignement du droit français, par un contraste frappant, va devenir, dans l'Edit de 1679, un enseignement absolument officiel, parce qu'il s'agira désormais d'expliquer les textes émanés du roi; il l'était déjà au Collége de France, où un lecteur nommé par le roi montrait le droit français.

Après avoir rétabli dans l'article 1er les leçons publiques de droit romain dans l'Université de Paris, nonobstant l'article 69 de l'Ordonnance de Blois, l'Edit défend dans l'article 5 « à toutes personnes autres que les professeurs d'enseigner et faire leçons publiquement dudit droit canonique et civil, à peine de trois mille livres d'amende. » Il ne faudrait pas croire que ce fût là une vaine menace de la part du gouvernement ; il existe une lettre du chancelier Le Tellier, du 30 décembre 1679, adressée au lieutenant civil, qui contient à cet égard les recommandations les plus sévères : « par l'article 5 de l'Edict du mois d'avril dernier portant règlement pour l'étude du droit canonique et civil, dit Le Tellier, il est deffendu à toutes personnes autres que les professeurs de cette faculté d'enseigner et faire leçons publiquement dudit droit..... Bien que Sa Majesté soit persuadée qu'en qualité de juge conservateur des priviléges de l'Université, vous prendrez un soin particulier de l'exécution dudit article ; néanmoins, parce que Sa Majesté a fort à cœur qu'il n'y soit contrevenu, je vous fais cette lettre pour vous dire que vous devez contenir les siffleurs ou docteurs particuliers dans les termes dudit Edict, au désir duquel ils doivent simplement faire des répétitions, comme il se pratique en théologie et en philosophie, sans faire aucune assemblée chez eux, dicter ny donner aucuns escrits. Il serait mesme bon de les obliger à ne faire aucunes répétitions qu'aux escoliers qui prendraient des leçons publiques ou qui auraient satisfait aux trois années requises par la déclaration et fait leurs actes. Je vous prie de donner une particulière application à ce que dessus, et recevoir les dénonciations des professeurs pour faire la justice..... (1). » Rien d'ailleurs ne fut changé au mode de nomination de ces professeurs par les concours.

D'autre part, l'article 14 organise en ces termes l'enseignement du droit français : « et afin de ne rien omettre de ce qui peut servir à la parfaite instruction de ceux qui entreront dans les charges de judicature, nous voulons que le droit français, contenu dans les ordonnances et les coutumes, soit publiquement enseigné ; et, à cet effet, nous nommerons des professeurs de droit français qui expliqueront les principes de la jurisprudence française et qui en feront des leçons publiques, après que nous aurons donné les ordres nécessaires pour le rétablissement des Facultés de droit canonique et civil. »

Ainsi, le droit national sera désormais enseigné en langue française par des maîtres dont le roi se réserve expressément la nomination directe, sur certaines présentations, mais sans concours ; c'est ainsi qu'ont été successivement institués à Toulouse les dix professeurs qui ont occupé cette chaire depuis 1681 ; car la mise en application de l'Edit fut retardée par une inspection générale relative au droit, confiée, pour les Universités de Toulouse et Montpellier, à l'intendant d'Aguesseau, père de l'illustre chancelier (1).

---

(1) M. Jourdain, *Histoire de l'Université de Paris*, p. 149.
(2) M. Jourdain, *Op. cit.*, p. 249, note 2, reproduit la lettre qui lui confia cette mission.

Nous ne voulons pas apprécier nous-même ces innovations ; nous préférons laisser la parole au fondateur de cette Académie, à Bénech ; dans son travail intitulé : *De l'enseignement du droit français dans la Faculté de droit civil et canonique de l'ancienne Université de Toulouse*, le savant professeur a eu à s'expliquer tout d'abord sur la portée de l'Edit de 1679, et son témoignage nous est d'autant plus précieux qu'on ne peut le soupçonner d'être influencé par les discussions actuelles sur la liberté de l'enseignement du droit.

« Touché de l'importance de l'enseignement du droit et de l'influence qu'il exerce sur l'administration de la justice, ce prince (Louis XIV) se hâta de profiter des premiers loisirs que lui laissèrent une paix glorieuse, pour régénérer cet enseignement qui s'était affaibli depuis près d'un siècle. »

« Cette création ainsi limitée (de la chaire unique de droit français) s'harmonisait d'ailleurs parfaitement avec la politique du roi, qui tendait tout entière vers le grand principe de l'unité : unité dans le pouvoir, unité dans les idées religieuses, unité dans la jurisprudence. L'unité du pouvoir était le but principal, les autres n'étaient pour lui qu'un moyen et un instrument. Or, l'enseignement du droit français devait contribuer activement à l'uniformiser, à l'affranchir de ces variations ou de ces inégalités de doctrine qui correspondaient à la diversité des mœurs et des habitudes et à la division géographique de la France...

Le nouvel enseignement comprenait d'abord « la collection déjà immense des édits et ordonnances de nos rois, et les coutumes tant générales que locales et la jurisprudence des arrêts, et tout ce que la doctrine juridique reçue en France ajoutait au droit romain ou en retranchait. A cela il faut joindre la matière des fiefs, des bénéfices, des dîmes et autres droits seigneuriaux qui enlaçaient le sol comme des mailles innombrables d'un vaste réseau, et cette portion du droit canonique qui, se composant des modifications apportées en France au droit canonique pur, était appelée le droit canonique français; enfin, le droit public français, c'est-à-dire le droit résultant des pragmatiques, des concordats, édits et déclarations de nos rois concernant la discipline extérieure de l'Eglise, la police du royaume, les devoirs des magistrats, en un mot, tout ce qui avait pour objet de maintenir la religion et l'Etat. Tout cela entrait évidemment dans le régime des ordonnances que le professeur de droit français était tenu d'enseigner (1). »

» Les dispositions qui précèdent (sur la nomination par le roi des professeurs de droit français), exceptionnelles à la règle du concours destiné à recruter les Facultés de droit, étaient fort sages (2). — En effet, indépendamment des difficultés qu'aurait rencontrées l'organisation des épreuves d'un concours, sur un enseignement dont les matières étaient si hétérogènes et codifiées d'une manière si incomplète, il me suffira de dire que, d'après les proportions de son enseignement, *la mission du professeur de droit français engageait une question de confiance personnelle de la part du prince.* La mission des professeurs

---

(1) *Mélanges de droit et d'histoire*, publiés sous les auspices de l'Académie de législation, p. 187, 199 et 200.

(2) L'art. 44 de l'arrêt du conseil d'Etat du 16 juillet 1681 avait réglé le mode de présentation au roi pour la Faculté de Toulouse; en cas de vacance, le procureur du Parlement de Toulouse « pourra proposer trois personnes qui aient les qualités requises et la capacité nécessaire, et devra donner avis à M. le chancelier, pour sur le compte qu'il en rendra à Sa Majesté, être par elle choisie, celle des trois personnes qu'elle estimera à propos. »—Il fallait avoir exercé dix ans comme avocat en réputation, ou rempli avec honneur, pendant le même temps, une charge de judicature (Art. 45).

de droit civil se mouvait toute entière dans les paisibles régions de la science. Elle ne touchait par aucun côté à la politique, par aucun côté aux questions vitales qui agitaient les esprits à cette époque. Il en était autrement du dépositaire officiel du nouvel enseignement, *constituant à plus d'un titre plutôt un enseignement d'Etat qu'un enseignement juridique.* Le professeur avait, en effet, à mesurer l'étendue de pouvoirs mal définis, ombrageux, jaloux de leurs prérogatives. »

« Pour expliquer convenablement tout cela, pour explorer avec fruit ce terrain encore mal consolidé, il fallait non seulement un jurisconsulte savant, passé par le milieu de la pratique des affaires, n'ignorant rien de ce qui se reliait au mouvement social et religieux de son siècle, mais encore un sujet dévoué à la politique de Louis XIV. Il fallait un homme ayant le sentiment sincère et réfléchi de ses obligations, qui fût disposé, encore plus par conviction que par devoir, à faire aimer aux générations adolescentes les doctrines confiées à sa garde... Le caractère, les opinions, les tendances, en un mot, *les qualités personnelles*, pour me servir de l'expression de l'édit de du mois d'août 1682, entrèrent donc pour beaucoup dans la réunion de celles qu'exigeait le nouveau ministère de l'enseignement établi par Louis XIV. »

« Ces qualités, le concours ne pouvait pas les garantir; voilà pourquoi le prince, qui ne voulait pas courir la chance que l'enseignement qu'il venait de fonder tournât contre lui, se réserva la nomination directe des professeurs... Il y avait donc une question politique, de haute administration, une question gouvernementale qui dominait l'élection (1). »

(1) *Op. cit.,* p. 211 à 213. — Voici l'appréciation de M. Jourdain, aujourd'hui secrétaire général du ministère de l'instruction publique :

A la suite de la mise en vigueur de l'édit de 1679, la Faculté de droit de Toulouse fut réorganisée par arrêt du conseil du 16 juillet 1681. Elle se composait de six professeurs, trois de droit romain, deux de droit canon nommés au concours, de celui de droit français, et en outre de douze agrégés. Le roi nomma aussi les premiers, mais la Faculté de droit devait pourvoir, par bulletins et voix secrètes, à leur remplacement à mesure des vacances (1).

A la date du 7 janvier 1703, une déclaration du roi disposa que les places d'agrégés seraient elles-mêmes données au concours : cependant l'un d'eux fut nommé par le roi en 1724 à cause de la dissension que le concours avait produite dans l'Université. Le roi dut en-

---

« ... Il se réserva la nomination des professeurs qui devaient expliquer les principes de la jurisprudence nationale ; innovation capitale par laquelle on peut apprécier le changement accompli depuis un siècle dans les mœurs, dans les idées et dans les lois. Le progrès de l'enseignement public répond ici au progrès de la législation. Sans doute, il fallait ces réformes admirables, accomplies sous l'inspiration de Colbert, dans les ordonnances et dans l'administration de la justice, pour que les lois françaises, désormais plus simples et plus conformes à la raison, fussent jugées dignes de figurer dans les études juridiques à côté du Droit canon et des Pandectes. Enfin, Louis XIV, imbu des maximes qui amenèrent, en 1682, la célèbre Déclaration du clergé de France, Louis XIV marqua fortement l'esprit dans lequel il entend que le droit nouveau soit enseigné : « Enjoignons aux professeurs, dit-il, de s'appliquer particulièrement à faire lire et faire entendre par leurs écoliers les textes du droit civil et les anciens canons qui servent de fondement aux libertés de l'Eglise gallicane. » (Histoire de l'Université de Paris, II. p. 248).

(1) La Faculté de Paris comprenait également six professeurs et douze agrégés, mais sans compter le professeur de droit français qui fut installé, avec les nouveaux agrégés, le 28 novembre 1680, par les commissaires royaux, MM. Boucherat et Bezons, en présence de la Faculté réunie (M. Jourdain, p. 250). — L'édit de 1679 a organisé aussi notre système d'inscription au lieu des attestatoires.

core intervenir, en 1728, après 69 scrutins faits dans plusieurs séances sans amener de résultats; à la suite de quoi une déclaration du roi du 10 juin 1742 réserva la nomination au roi, quand dix scrutins s'étaient succédé sans amener de nomination.

Le recteur devait toujours être pris à Toulouse dans la Faculté des droits, tandis qu'à Paris ce privilège appartenait à celle des Arts ou des Lettres, comme nous dirions aujourd'hui (1).

Cette course rapide à travers l'histoire de l'enseignement du droit dans notre pays, nous montre d'abord que l'Etat ne s'en est jamais désintéressé, pas plus que des autres, mais aussi qu'il y a apporté une attention particulière : 1° en ce qu'il a prohibé l'enseignement du droit romain dans la capitale, centre des pays de coutume, peut-être par un sentiment de défiance à l'égard d'une législation étrangère; 2° qu'il a fondé lui-même comme enseignement d'Etat, et par des professeurs nommés par lui, l'enseignement du droit national résultant des coutumes rédigées et promulguées et des ordonnances émanées des rois (2).

(1) Le professeur de droit français, nommé par le roi, pouvait être recteur et non doyen; il avait rang immédiatement après ce dernier, quelle que fût sa date de nomination.

(2) Nous pouvons noter encore une particularité : on connaît les longs démêlés entre l'Université de Paris et quelques-unes des Universités de province, et l'Ordre des Jésuites.—Ces derniers voulaient faire incorporer leurs colléges et même les agréger aux Universités; mais il n'était pas question de l'enseignement du droit; ils prétendaient enseigner la grammaire, la rhétorique et la philosophie, aussi bien que la théologie.» M. Troplong, *Du pouvoir de l'Etat sur l'enseignement*, p. 210, et les chapitres qui suivent. Jamais, soit pour Paris, soit pour Toulouse et autres Universités, il n'est parlé du droit.

III.

Après la suppression des Universités par la Révolution, et ses essais infructueux pour les remplacer, l'enseignement du droit fut réorganisé à part, deux ans avant la création de l'Université par la loi du 13 mars et le décret du 21 septembre 1804 ; la même loi rétablissait le tableau de l'ordre des avocats. Les professeurs étaient nommés à vie par le chef de l'État, après concours publics, et ils prêtaient serment devant les cours d'appel. On voit encore ici l'étroite union de l'ordre judiciaire, de la justice et de l'enseignement du droit, union qui reparaît, quoiqu'on veuille répudier les souvenirs des anciens Parlements.

Le décret du 17 mars 1808 respecta l'organisation antérieure en transformant les écoles de droit en facultés (art. 11). En 1838, M. de Salvandy institua une commission des hautes études de droit chargée d'examiner toutes les questions relatives au développement et à l'amélioration des études juridiques. Les Facultés furent consultées et adressèrent au ministère, en 1845, des délibérations motivées. A la suite de ces travaux, un projet de loi fut présenté à la Chambre des Pairs, le 9 mars 1847 ; mais il n'eut pas de suite ; la Révolution de 1848 vint en interrompre la discussion. Plus bas nous trouverons les innovations du second Empire.

Il est maintenant facile de conclure. Nous avons vu, soit dans le monde romain, soit chez nous, l'enseignement du droit traverser deux phases bien distinctes, correspondant chacune aux différentes manières dont le droit se forme et la justice est rendue. Dans la première période, tant que le droit naît spontanément des entrailles de la société, son enseignement n'a pas un caractère absolument officiel ; il y règne, surtout à Rome, une certaine liberté. Vient ensuite une seconde période, celle de la codification. La loi n'émane plus de la nation même, mais du législateur qui la représente, soit par un prince absolu, soit par des assemblées. L'étude du droit change alors de face : elle devient celle de la loi positive, l'explication des textes officiels domine, et dès lors elle est confiée exclusivement à des professeurs officiels : toute liberté disparaît.

Si nous entrons aujourd'hui dans nos Facultés, qu'y voyons-nous ? Le droit y est-il enseigné d'une manière abstraite, philosophique, historique ? Oui et non, tout à la fois. Nos écoles forment un mélange d'écoles de droit et d'écoles de législation ; mais ce dernier caractère domine. L'enseignement du droit romain, du droit coutumier, de l'économie politique, du droit des gens même, peuvent passer pour des enseignements purement historiques ou abstraits ; mais, à côté, se trouvent les professeurs de code civil, de procédure, de droit criminel, de droit commercial, de droit administratif ; quelle est la base de leur enseignement ? Sont-ce les principes abstraits de la science ? Non, ce sont les codes, les lois qu'appliquent les tribunaux ; et de même qu'à côté de la justice officielle chargée d'interpréter les lois, nous ne comprendrions pas une autre justice pouvant interpréter autrement, de même nous avons peine à comprendre comment la société pourrait abandonner à quiconque le droit d'en inculquer les principes à la jeunesse : car c'est déjà les interpréter.

C'est ici qu'on touche à la différence profonde, et non suffisamment mise en relief jusqu'ici, qui existe entre l'enseignement du droit et tous les autres. On ne peut pas raisonnablement soutenir qu'il y ait des lettres, des sciences, une histoire, une médecine d'Etat, et que ces diverses branches du savoir humain ne puissent être enseignées que par les hommes de l'Etat. Que par des raisons de haute convenance, l'Etat monopolise cet enseignement, comme il le fait de bien d'autres choses, cela est possible puisque cela s'est vu ; et cela peut se défendre, parce qu'en somme l'Etat a intérêt à ce que l'histoire, la philosophie, etc., soient bien enseignées, quoiqu'il n'en promulgue pas les principes et qu'il ne nous force pas à leur obéir.

Mais ce monopole constituera toujours une violation de la liberté naturelle du père de famille de faire instruire son fils par qui lui plaît ; mais cet intérêt ne sera qu'un intérêt indirect pour l'Etat, qui, en effet, sera plus solidement assis si tous les hommes sont pénétrés des saines doctrines, et plus prospère si nous confions les soins de nos santés à de bons médecins plutôt qu'à des empiriques ignorants (1).

Seulement, on ne saurait trop le répéter, les mauvaises doctrines en ces matières, si déplorables soient-elles, n'atteignent pas l'Etat en lui-même, ne se dressent pas contre lui en ennemies armées, et ne bravent pas ses ordres. Il n'en est plus de même dès qu'il s'agit du droit

(1) Je ne puis m'empêcher de consigner ici un souvenir. En 1870, une commission fut instituée, sous la présidence de M. Guizot, pour examiner les questions relatives à l'enseignement supérieur, celle notamment de la liberté. On se montrait en général favorable ; toutefois, les membres appartenant à la médecine firent remarquer, non sans succès, les dangers, pour la santé publique, de la liberté de cet enseignement et demandèrent des restrictions. J'ai toujours été étonné que nos collègues du droit n'aient pas fait observer à leur tour combien plus grave est la liberté de l'enseignement du droit. Peut-être les informations des journaux ont-elles été incomplètes ? Car un tel oubli semble bien invraisemblable de la part d'hommes d'une telle compétence.

dans une nation dont les lois sont toutes écrites. Celui qui, au lieu de se livrer à cette critique de détail qui est toujours possible, désirable même, puisqu'elle est la voie de la réformation, enseigne le dénigrement et le mépris de ces lois comme foncièrement mauvaises, celui-là atteint directement l'Etat dans ses œuvres vives, puisqu'il dispose les esprits à la désobéissance et même à la révolte. C'est qu'il y a un droit d'Etat à côté du droit en général; et comme ce droit d'Etat ouvre seul la porte des carrières lucratives, c'est vers lui que l'enseignement se dirigera toujours, c'est lui qui aura la plus forte part d'attention des professeurs et des disciples; le reste ne sera que préparation ou complément de luxe.

L'Etat peut donc, pour des raisons spéciales et en dehors de toute idée de monopole, revendiquer le pouvoir exclusif d'enseigner cette science qui est sienne, de commenter par les hommes de son choix les codes dont il a la garde au nom de la nation, qu'il fait exécuter par ses officiers, juges et procureurs. Puisqu'il ne peut pas permettre qu'on enseigne comme permis ce qu'il défend, comme défendu ce qu'il commande, il n'excède pas son droit en considérant comme seuls idoines, pour un tel enseignement, les hommes qu'il a investis de sa confiance.

Que ce soit là un inconvénient de la codification, il n'y a pas à le méconnaître : et elle en a d'autres encore; celui par exemple de nuire à l'étude même du droit et à l'éducation des jurisconsultes, justement parce qu'elle leur ôte cette initiative qu'ils ont dans un droit en formation, et qu'elle substitue l'étude des textes et des décisions de la jurisprudence à celle des principes, ou, si l'on aime mieux qu'elle subordonne ceux-ci au reste; et c'est la raison qui porte tous les amis de cette noble science à maintenir à un niveau très-élevé l'étude désintéressée du droit Romain Mais la France entend-elle renoncer à ses codes et à ses recueils d'arrêts pour éviter ces conséquences? Personne assurément ne le pense! et si nous persistons à vouloir la cause, nous devons vouloir et supporter les effets.

Est-ce à dire que l'Etat doive toujours enseigner les codes par ses professeurs et rien que par eux? N'en jamais permettre à d'autres l'exégèse publique? Ceci est une question d'opportunité. Nous disons simplement que l'Etat a le droit évident de les commenter seul (1) devant la jeunesse, comme il a le droit de les sanctionner seul par la justice ; car ces deux attributs découlent l'un de l'autre. Si je viole la loi de mon pays, et si je suis puni, c'est que j'ai pu et dû l'apprendre telle qu'elle est, à la barre des tribunaux en écoutant la lecture des jugements, ou sur les bancs de l'école en écoutant les leçons des professeurs. Mais si l'Etat supporte qu'elle me soit enseignée à faux, tronquée, défigurée, comment pourrais-je être châtié sans injustice? Le principe admis, que l'État ouvre ses facultés à une sorte d'enseignement complémentaire et libre : nous y souscrirons volontiers (2); mais qu'il jette, dans des temps troublés comme les nôtres, codes et lois au vent des disputes humaines, c'est ce que nous ne com-

(1) L'idée de codification entraîne si bien celle-ci, que les grands auteurs de codes, Justinien, Napoléon, etc., vont même volontiers plus loin, ils sont portés à défendre tout commentaire comme inutile et presqu'injurieux pour leur œuvre. Il semblerait que la simple lecture du texte doive suffire, et que toute explication soit superflue et même mauvaise, capable de voiler la beauté native de la loi. — On sait, du reste, ce que vaut cette prétention, — ce que valent ces ordres et comment ils sont obéis.

(2) C'est en ce sens que s'était prononcée la Faculté de droit de Toulouse dans une assemblée générale des membres de l'enseignement supérieur de cette ville, en 1871.

Voir dans le même sens une très intéressante monographie de notre savant collègue et excellent ami. M. Dubois, professeur à la Faculté de droit de Nancy, membre correspondant de l'Académie de Législation,

prenons pas, et nous osons prédire qu'on s'apercevra bientôt de l'erreur commise ; la liberté de l'enseignement du droit, si elle porte ses fruits, n'aura pas de durée.

On a bien répondu que la surveillance s'exercera sur les facultés libres, — ceci supposerait la publicité des cours, — (1) que les délits sont toujours punissables, que c'en est un d'enseigner le mépris de la loi, etc., etc. Tout cela n'est guère pratique, et ne serait d'ailleurs probant que s'il ne s'agissait pas d'une science d'Etat. Mais ces raisons sont sans portée dès qu'il s'agit au contraire d'une science qui a son interprétation officielle, orthodoxe, dont on ne peut s'écarter sans la sanction de la justice et sans dommages. Ici la surveillance ne suffit pas, il faut la confiance, et pour la confiance, le choix (2).

publié dans cette ville en 1871, sous ce titre : *Réforme et liberté de l'enseignement supérieur et en particulier de l'enseignement du droit.* Le plan complet de réforme de M. Dubois n'est pas le seul qui nous soit venu de Nancy, ville d'initiative J'ai sous les yeux deux autres importants travaux sur le même sujet, l'un de M. le baron de Dumast, toujours sur la brèche et infatigable à la poursuite du bien — *Sur l'enseignement supérieur, tel qu'il est organisé en France, et sur le genre d'extension à lui donner.* Paris, vᵉ Duprat, 1865. — L'autre, de M. Adam, substitut de M. le Procureur général à la Cour de Nancy, savant orientaliste : *Réforme et liberté de l'enseignement supérieur.* Paris, Dentu, 1870.

A la séance du 30 mai 1871 (Voir le *Journal officiel* du 12 juin 1871, p. 1320), M. Albert Desjardins, professeur agrégé à la Faculté de droit de Paris et député, déposa, en son nom et au nom de vingt-huit de ses collègues des régions les plus diverses, un projet de création d'une Université autonome à Nancy, avec personnalité morale, délivrance des grades par le chancelier de l'Université, etc., etc. Il est regrettable que cet essai de vraie décentralisation n'ait pas été tenté.

(1) On sait que la loi du 12 juillet 1875 ne l'a pas admise ; néanmoins l'article 7 porte que les cours seront ouverts et accessibles aux délégués du ministre de l'instruction publique.

(2) Ceci n'exclut d'ailleurs aucunement la liberté du Commentaire écrit, du Traité ; autre chose est le livre qui s'adresse aux hommes faits, autre l'enseignement destiné aux jeunes âmes qui doivent forcément jurer selon la parole du maître.

Cela est tellement vrai que l'Etat n'a pas entièrement
échappé au danger, même avec l'organisation actuelle, et
que la loi a pu être, sinon travestie, du moins écourtée
et tronquée par certains de ses professeurs, sans danger
d'ailleurs, parce que d'autres à côté donnaient l'enseignement complet. Pour ne parler que des morts, nous avons
tous connu un respectable maître qui n'enseignait pas le
régime de communauté sous prétexte qu'il n'est pas appliqué dans nos pays du Midi ; un autre qui, sur la fin de
ses jours et par des scrupules religieux, laissait de côté la
matière des appels comme d'abus, etc. Nous pourrions
multiplier ces exemples ; qu'une école libre s'ouvre aujourd'hui, qu'on y enseigne que le mariage civil ne lie pas
les époux, que le divorce doit être permis à qui veut,
comme dans le Droit romain, que la filiation naturelle
doit être traitée à l'égal de la légitime, que la liberté de
tester doit être absolue, la réserve disparaître comme im-
morale, que la propriété est un injuste tribut prélevé sur
les classes laborieuses, que les successions doivent revenir
à l'Etat, l'impôt devenir unique et progressif, que la
société n'a pas le droit de punir, que tout criminel selon
nous n'est qu'un homme égaré selon la vérité, que nos
lois pénales fondées sur la croyance à une autre vie sont
sans base puisque cette autre vie n'est qu'une hypothèse
chimérique, etc., etc. Qu'on passe sous silence telle partie
des lois, qu'on néglige de montrer les additions de la
jurisprudence sur tel ou tel point, de reproduire les commentaires autorisés, qu'on défigure la loi de toutes façons ;
tout cela pourra se faire sans délit, sous forme de critique, en dépit de toute surveillance et moyennant quelques précautions oratoires ; la surveillance même ne fera
qu'aiguiser la verve du professeur et l'intelligence de ses
auditeurs Et qu'on nous dise quels notaires, avoués, avocats, magistrats, nous aurons ainsi ; quels gardiens de

nos familles, de nos biens, de nos personnes, surtout si ces facultés libres participent à la collation des grades ? Qui ne voit, par ces exemples, que c'est la vie même de l'individu, de la famille, la vie de la société qui est atteinte par ce travestissement de la science sur qui elle repose ; et qu'il y a là, pour elle, non plus une simple question de convenance, mais une question de salut et d'existence ? La discorde politique, la discorde sociale sont, hélas ! à demeure chez nous ; quel vent de mort souffle donc sur la France, pour que des hommes animés des meilleures intentions, mais n'ayant pas suffisamment médité, veuillent encore y susciter une discorde inconnue, la discorde législative et juridique ? Jusqu'ici la paix est profonde dans ces régions ; est-ce à dire que les artisans de trouble aient manqué ? En aucune façon ; ils ont fait leur triste besogne avec l'ardeur habituelle de l'assaut ; ils ont écrit des livres, des articles de journaux, ils ont pétitionné, ils pétitionnent. Tout ce bruit est resté sans écho, parce que la base manque, l'enseignement. Les facultés de droit, gardiennes, dans la mesure de leur rôle, du dépôt de nos lois, se sont acquittées de leur haute mission sociale modestement et sans fracas, si bien qu'on a joui du bienfait sans songer à ceux qui le procuraient !

Pour nous, le résultat de cet oubli n'est pas douteux : ou les passions politiques, sociales, religieuses, ne s'apaiseront pas encore, et alors les écoles libres de droit seront fondées, non pas seulement en concurrence, mais en hostilité de celles de l'Etat, et pour enseigner, chose monstrueuse ! d'autres doctrines sur les mêmes codes, — à moins que l'extrême sagesse des hommes ne corrige l'extrême imprudence des institutions ; — et alors l'Etat ne pourra pas supporter cette situation : il faudra revenir au passé, non sans nouvelles crises et sans dommage pour la chose publique.

Ou bien, ce qu'à Dieu plaise s'il nous garde quelque
miséricorde ! ces passions vont s'apaiser, elles seront
calmées quand fonctionnera la loi nouvelle ; ou, non calmées, elles ne pénétreront pas dans les écoles libres ; — et
alors celles-ci n'auront d'autre effet que d'amener une dis-
persion nouvelle des études de droit et un affaiblissement,
si elles ne veulent pas perdre toute raison d'être et toute
vie (1).

(1) Je sais bien qu'on citera l'exemple de la Belgique où coexistent
deux Facultés de droit libres avec les deux facultés de l'Etat, et dont les
lois sont codifiées, sur le modèle des nôtres ; mais d'abord il est faux de
conclure d'un petit pays à un grand pays. Ici tout est plus compliqué, le
mécanisme est plus délicat et plus sujet à se fausser, tout diffère, armée,
finances, police, pénalités même ; peut-on abolir, par exemple, la peine
de mort en France, en Angleterre, avec des villes comme Paris et Lon-
dres, comme on l'a pu dans de petits États; qu'on aille demander aux
habitants de l'ancienne Toscane ce que leur vaut l'unité de l'Italie comme
service militaire, impôts, etc. De plus, il n'est pas prouvé du tout que
le système du jury mixte n'ait pas produit en Belgique l'abaissement
des études. Les témoignages abondent dans les deux sens ; beaucoup de
bons esprits estiment que la preuve est faite contre ce mode d'examens
et contre les études dont ils sont le médiocre couronnement ; l'argument
de la Belgique se retournerait donc en faveur de notre thèse ; du reste, les
dernières discussions du Parlement belge, au commencement de l'année
1876, prouvent que ce système des jurys mixtes a fait son temps chez
nos voisins. On lui substitue celui de la liberté absolue de la collation
des grades, c'est-à-dire leur suppression, en temps qu'ils sont garantis
par l'Etat.

En réalité c'est le premier pas fait vers la liberté absolue des professions
qui ne s'ouvraient que devant la présentation d'un diplôme. Nous ne
trouvons pas mauvais que cette expérience se fasse chez nos voisins, et
nous sommes prêt à nous réjouir si elle réussit, puisque l'Etat pourrait
être ainsi allégé. — En France, nous connaissons déjà certains diplômes
libres, sans valeur officielle; l'opinion les apprécie différemment, selon
le sérieux des études qu'ils nécessitent, ou sont supposés nécessiter.
Ainsi, les diplômes délivrés par les maîtres d'armes ne jouissent pas d'un
grand crédit ; ceux de l'École centrale des arts et manufactures étaient
légitimement entourés de la plus haute estime, même lorsque cette

Nous avons un exemple topique, dans l'histoire des facultés de théologie, de la destinée qui attend la science libre ou demi-libre dans des matières où règne une orthodoxie. Dans l'intention du fondateur de l'Université, ces facultés devaient reprendre le rôle prépondérant des anciennes : « On sait, dit M. Troplong, que les lois canoniques et civiles réservaient de grands priviléges aux ecclésiastiques qui avaient pris leurs degrés en théologie et en droit canon dans les Universités du royaume. Les études académiques étaient une route nécessaire pour parvenir à des dignités dans l'Eglise, à certaines cures, à des bénéfices et à des charges cléricales. Elles rattachaient le clergé aux Universités par un lien inévitable, par une fréquentation nécessaire (1). »

école n'avait aucune attache gouvernementale. Ces contrastes se retrouvent dans les pays qui n'ont pas d'enseignement supérieur donné au nom de l'Etat, comme en Amérique: les personnes compétentes n'ont pas trouvé qu'il en tirât un bien grand lustre; au contraire elles sont unanimes pour signaler la pauvreté de cet enseignement aux États-Unis.

(1) *Du pouvoir de l'Etat sur l'enseignement*, p. 299. — Il y avait bien autrefois, comme aujourd'hui des grands séminaires et même des petits, depuis le Concile de Trente ; mais, sauf quelques rares exceptions, ces séminaires ne conféraient pas de degrés ; l'évêque de Périgueux ayant demandé au roi que les cours de belles-lettres et de théologie suivis dans ses deux séminaires fussent académiques, l'Université de Bordeaux fit opposition à cette demande et fut soutenue par celle de Paris. Le chancelier d'Aguesseau répondit, en 1747, à l'évêque de Périgueux par une lettre de refus, où on lit : « Je suis fort touché de l'objet principal de votre demande qui est de conserver l'innocence des mœurs dans ceux qui se consacrent au culte des autels. Mais il y a un moyen de concilier, en cette matière, l'intérêt de la religion avec celui des Universités et des études : c'est de suivre l'exemple d'un établissement qui a été fait à Toulouse. On y a fondé, il y déjà du temps, un séminaire, pour y recevoir les ecclésiastiques des différents diocèses du Languedoc qui veulent étudier et prendre leurs degrés dans l'Université de cette ville. »

Pour leur assurer ce rôle, le décret du 17 mars 1808 avait décidé que les professeurs seraient choisis par le souverain sur la présentation des archevêques et évêques du chef-lieu de la faculté (1). Mais comme, après tout, ces professeurs étaient ceux de l'Etat, qui n'a plus d'orthodoxie religieuse, de religion d'Etat, tandis que l'Eglise a sa doctrine, celle-ci a préféré l'enseignement d'hommes choisis exclusivement par elle ; les élèves de ses grands séminaires ne sont pas venus prendre de degrés devant les facultés de théologie et s'en sont passés pour leur carrière ecclésiastique ; l'ordonnance du 5 octobre 1814 a même autorisé les archevêques et évêques à établir des écoles secondaires destinées à peupler les grands séminaires où se font les dernières études ; de sorte que longtemps avant la liberté de l'enseignement secondaire et celle de l'enseignement supérieur, l'Eglise s'est peuplée en dehors des collèges et facultés de l'Etat, et les facultés de théologie sont restées sans aucune influence sur le recrutement du clergé (2).

---

(1) C'était aller plus loin que sous l'ancienne monarchie. L'art. 9 de l'édit du mois de février 1763 disait : « La nomination aux chaires de théologie, qui se tiennent dans les écoles publiques, autres que *celles des Universités*, appartiendra aux archevêques et évêques chacun dans leur diocèse. »

(2) Cela est si vrai, les grades de ces Facultés sont si peu recherchés, que le décret du 14 janvier 1876, qui règle à nouveau le traitement des membres de l'enseignement supérieur, reconnaît que le produit des examens devant les Facultés de théologie est insignifiant, et n'en donne même pas le chiffre, comme il le fait pour les autres, dans les cinq dernières années. — Voici ce que dit des Facultés de théologie M Heinrich, doyen de la Faculté des lettres de Lyon, dans un remarquable article sur la liberté de l'enseignement supérieur : « Tant que l'institution canonique manquera à nos Facultés de théologie, leurs grades n'auront pour le clergé aucune valeur, et leurs cours, dénués de tout but pratique, seront réduits à être, à l'usage des gens du monde ou des oisifs, une sorte de succursale des conférences destinées à l'apologétique chrétienne. Un tel rôle n'est point inutile, mais ne suffit point à créer de véritables Facultés. » (*Correspondant* du 10 juin 1875, p. 116).

De même les nouvelles facultés, si elles ne sont pas des écoles de révolte, si elles enseignent en somme ce qu'enseignent celles de l'Etat, seront des établissements mort-nés à côté des professeurs et interprètes officiels, à moins que, participant à la collation des grades, elles n'offrent une prime à la paresse par un triste redoublement d'indulgence et de facilité (1).

IV.

Ce n'est pas tout. Nous savons, par les cahiers des Etats Généraux de 1789, que l'un des désirs du pays était l'unité de législation et de jurisprudence. Ce vœu a été réalisé par la confection des codes, la refonte des institutions judiciaires, avec la Cour de cassation au sommet; et, il faut ajouter, la création des facultés de droit avec leur enseignement uniforme donné par les professeurs de l'Etat. Il est facile de montrer que cette unité serait, en fait,

(1) Faut-il croire que les fondateurs de ces Facultés pourront leur annexer de grands internats, ou demi-internats, et leur donner ainsi une raison d'être particulière ? Ce serait un grand bienfait pour les familles et pour ceux des jeunes gens que leur faiblesse rend encore indignes de la liberté. Mais nous craignons qu'on ne se fasse illusion. Rien n'a empêché jusqu'ici d'établir ces internats auprès des facultés de l'État : celles-ci auraient vu avec satisfaction prospérer à côté d'elles de telles fondations, et leurs encouragements ne leur auraient pas manqué. L'essai a été tenté souvent, mais il n'a jamais pleinement réussi, et nous croyons qu'il ne réussira pas. Pour qu'un adolescent consente, avec l'émancipation actuelle de la jeunesse et les abdications paternelles, à devenir ou demeurer interne vers la dix-huitième année, il faut une place, une carrière assurée au bout des années de réclusion, comme dans les grandes écoles de l'État ; ou bien tout à la fois une vocation, et une carrière au bout, comme pour les grands séminaires. Il pourra y avoir au début quelque entrain, un mode, mais cela ne durera pas.

compromise par la liberté de l'enseignement du droit. La
Cour de cassation, en effet, produit une unité plutôt théorique que pratique ; aucun homme sensé ne donnerait le
conseil, pour un petit procès, de former un pourvoi sous
prétexte que le tribunal qui a jugé ne s'est pas conformé
à la jurisprudence de la cour suprême. De la sorte, en fait,
nous le répétons, il pourrait s'établir des manières de juger
différentes dans les ressorts différents des cours et même
des tribunaux d'arrondissement pour des litiges non sujets
à appel. Il en est bien un peu ainsi maintenant, et cela
n'a pas grande importance ; mais combien le danger de-
viendrait pressant et certain, si tous les hommes qui con-
courent à l'œuvre de la justice n'avaient pas reçu l'enseignement à la même source ? S'ils n'avaient pas dès lors,
sauf les dispositions originales de chacun, la même direc-
tion générale de l'esprit, celle qu'imprime, au moment
décisif où l'homme se forme et l'éducation s'achève, la
lecture et l'étude des lois commentées par des maîtres
sortis aussi de la même source, institués et surveillés par
le gardien naturel des lois, l'Etat ?

Ceci est tellement vrai, et résulte si bien de la nature
intime des choses, que, sans préméditation, sans que les
esprits fussent attirés de ce côté, l'enseignement du droit
a tendu vers une unité parfaite, semblable à celle des
lois et à l'unité théorique de la jurisprudence. Si nous exa-
minons comment se recrute le personnel des diverses facultés, nous allons trouver pour le droit des particularités
qu'explique le caractère toujours spécial de cet enseignement.

M. Jules Simon, ancien ministre de l'instruction publique, a pu affirmer, sans être contredit, à la tribune de
l'Assemblée nationale, que les facultés de l'Etat se recru-
tent par le concours ou l'élection. Cela est vrai, mais
d'une vérité qui a besoin d'explications.

Pour les facultés des lettres et des sciences, le concours
d'agrégation entre docteurs a existé de 1840 à 1853 (1) ;
aujourd'hui, les professeurs sont nommés sans concours,
sur la présentation des facultés et du conseil académique.
Mais, d'abord, il arrive quelquefois que des permutations
de faculté à faculté sont faites sans ces présentations ; de
plus, il faut bien remarquer comment les choses se pas-
sent, même dans les cas ordinaires. Une chaire devient
vacante par la mort du titulaire ; le ministre, — et c'est
ici le moment décisif, — charge du cours un docteur qu'il
choisit lui-même et prend où il veut, le plus souvent dans
les agrégés de l'Université ; après un stage suffisant, la
chaire est déclarée vacante, et tout naturellement le chargé
de cours est présenté et devient professeur. La vérité, si
l'on descend au fond des choses, est donc que les professeurs des facultés des sciences et des lettres sont choisis
par l'Etat, sauf ratification ultérieure des corps intéressés.

Dans les facultés de médecine, les écoles de pharmacie
et les écoles secondaires de médecine, les places d'agrégés
ou suppléants sont données au concours ; mais ce concours
est ouvert devant chaque faculté ou chaque école ; il n'y
a pas unité. On a cherché à l'établir cette année, pour
les facultés de médecine, devant celle de Paris : un rapport de M. l'inspecteur général Chauffard, à la suite de
ce concours où, par parenthèse, la première place a été en-
levée par un enfant de Toulouse, M. le docteur Dieulafoy,
constate l'insuccès absolu de cette tentative. Personne à
Paris ne veut concourir que pour Paris, et ainsi ailleurs.
M. le docteur Chauffard attribue l'échec notamment à ce
que l'enseignement médical n'est pas une carrière dis-

(1) A la suite du vote de la loi sur la liberté de l'enseignement supérieur, M. le ministre Wallon a rétabli ces concours, mais ils n'ont pas
encore fonctionné.

tincte de l'exercice même de la médecine, qu'il en est simplement l'accessoire et comme le couronnement. Ajoutons aussi que les professeurs sont pris quelquefois en dehors des agrégés ou anciens agrégés, de sorte que le concours n'est pas la seule route du professorat.

Il en est tout autrement des facultés de droit. Ici, en règle générale, le concours d'agrégation ouvre seul l'entrée de la carrière, qui se poursuit par l'élection. Cette règle souffre exception en cas de nouvelles créations de chaires ; le ministre peut procéder alors par voie de collation directe (1), et son choix ne pas s'arrêter sur un agrégé. M. Jules Simon, n'a pas oublié, par exemple, qu'en 1871, il a confirmé, comme ministre de l'instruction publique, les nominations faites quelques jours avant par M. Crémieux, à titre provisoire, de huit professeurs ou chargés de cours à la nouvelle faculté de droit de Bordeaux, parmi lesquels quatre ou cinq n'étaient aucunement agrégés.

Revenons à la règle ; le concours pour les facultés de droit a subi une transformation qui donne bien à réfléchir, en vertu du décret du 22 août 1854, art. 11. Jusqu'au décret du 9 mars 1852, les professeurs et suppléants étaient nommés à la suite d'épreuves subies, soit devant la faculté où ils désiraient entrer, soit ailleurs. Mais, dans ce dernier cas, le concours était encore restreint à telle chaire, à telle suppléance vacante devant telle faculté, et on concourait pour cette place. Lorsque le concours aboli en 1852, a été rétabli en 1854 pour l'agrégation seulement, il a été centralisé à Paris pour toutes les facultés

---

(1) C'est ainsi que l'auteur de ce travail a été nommé professeur d'économie politique à la Faculté de droit de Toulouse par décret du 26 janvier 1876, sans présentations, mais après dix ans et plus de services comme agrégé des Facultés de droit.

de droit, dont le nouveau personnel a ainsi, depuis vingt ans, une commune origine, sans que ce régime ait suscité la moindre plainte, et soulevé la moindre critique, quant au fond des choses. Tout le monde s'accorde, au contraire, à louer cette méthode qui ajoute à l'unité de l'enseignement, à l'unité des grades, et supprime les distinctions blessantes et injustes que pouvait faire l'opinion mal éclairée entre l'enseignement et les diplômes de telle ou telle faculté. Cette absence de critiques, ces éloges ne doivent pas nous étonner après les observations qui précèdent. C'est qu'il y avait une nécessité, une force des choses qui conduisait à cette unité parfaite d'enseignement, corollaire et complément de celle de la loi et de celle de la jurisprudence. Cette unité était nécessaire pour que la paix juridique régnât absolue, et que les magistrats et leurs auxiliaires eussent partout la même manière d'appliquer et d'interpréter les lois. Voilà pourquoi, malgré la chute du système de M. Fortoul, celle même de l'Empire, l'agrégation du droit a survécu sans être modifiée; et on s'est borné à quelques améliorations de détail dans les épreuves du concours.

Nous venons de faire ressortir, une fois de plus, l'importance du rôle des facultés de droit pour le recrutement de la magistrature, c'est aussi le lieu de rappeler qu'en sens inverse la magistrature a toujours exercé une grande influence sur celui des facultés de droit : tant il y a lien intime et pénétration réciproque ! Les anciennes disputes comptaient toujours des membres des parlements parmi les juges, les nouveaux concours s'honorent de voir siéger aussi des magistrats dans le jury, soit avant, soit depuis la réforme de 1854. Aujourd'hui, la magistrature est représentée par trois juges sur sept ; et ces trois juges sont deux conseillers et un avocat-général à la Cour de cassation ; il est si vrai que les deux carrières se tou-

chent, que le professeur est, lui aussi, une sorte de magistrat, que l'Ecole fournit aussi quelquefois au Palais,
non plus des jeunes gens pour faire leur stage, mais des
membres des cours souveraines; en ce moment trois
conseillers à la cour régulatrice sont sortis de nos rangs
et étaient, il y a peu d'années, nos collègues (1).

L'État aurait donc pu ne pas se dessaisir du droit qui
lui appartient légitimement, et qu'il a le devoir de conserver tant que l'opportunité des circonstances ne lui
permettra pas de se départir de la rigueur des principes;
nous croyons que l'enseignement du droit a été englobé
dans la même loi que les autres sans assez de réflexion.
Si la liberté de cet enseignement est admise et porte ses
fruits, nous ne tarderons pas à voir se produire des dés-
ordres, et l'Etat sera obligé de revenir, pour le droit, sur
ses concessions. Est-ce à dire que tout soit au mieux
dans nos facultés, qu'il n'y ait rien à faire? Ce n'est pas ici
le lieu de s'en occuper; et d'ailleurs nous avons voulu
surtout montrer l'exemple du passé.

Au surplus, si les circonstances politiques et sociales
ne paraissent guère propices à de telles expériences, nous
devons dire que l'opportunité ne se rencontre pas davantage, si on se tourne du côté de l'enseignement lui-même.
L'étude du droit n'est ni en péril, ni en décadence, elle
n'est même pas menacée; tout au contraire, depuis trente
ans, elle a fait de grands progrès, les facultés ont obtenu
de leurs élèves une plus forte somme de travail, et les
ont rendus mieux préparés à la société. La recherche de
plus en plus assidue du titre de docteur, l'élévation soute-

(1) MM. Demangeat, Rau et Aubry. Un agrégé est président d'un
tribunal, etc. Souvent aussi des jeunes gens qui s'étaient distingués au
concours, sans arriver pourtant, ont été nommés tout de suite à des
postes de faveur dans la magistrature.

nue des épreuves de ce grade suffisent pour le démontrer ;
et à cet égard les témoignages sont unanimes. Voilà pour
la force des études. D'autre part, dans toutes les discussions où l'enseignement officiel s'est vu attaqué par les
partisans de la liberté, nous avons vainement cherché
l'expression d'un grief contre les facultés de droit ; tout
l'effort a porté et porte depuis longtemps contre l'école de
médecine de Paris. Ainsi, amélioration et progrès constant
des études, doctrines inattaquables puisqu'elles sont celles
mêmes de nos lois, élite excellente d'élèves, tel est le spec-
tacle qu'offrent aujourd'hui les facultés de droit, et tous ces
résultats, cette paix vont être compromis et la porte va
s'ouvrir à toutes les passions (1) ?

Pendant ce temps on oublie que si, malheureusement,
beaucoup de nos élèves laissent trop à désirer, ce n'est
pas en improvisant de nouvelles écoles et de nouveaux
professeurs parmi les fruits secs et les épaves des concours, ou parmi les jeunes docteurs, qu'on pourra les
réformer eux-mêmes et empêcher leurs frères puinés de
leur ressembler (2).

(1) On a beaucoup parlé dans la discussion du marasme des Facultés
de province. Je ne sais si cela est vrai pour d'autres, n'ayant pas coutume de regarder chez le voisin. Mais peut-on ainsi parler de la Faculté
de droit de Toulouse ? J'ai sous les yeux le rapport officiel de son doyen
pour l'année scolaire 1874-75 : elle a été fréquentée par six cents élèves,
plus de huit cents examens ont été subis. Elle a admis dix-sept thèses
de doctorat, qui sont, pour la plupart, d'excellentes monographies dignes
d'être publiées, souvent publiées après suppression des parties purement
scolaires. Seulement tout cela se fait sans bruit, le doyen se borne à peu
près à rapporter les titres de ces thèses avec un mot d'appréciation, au
lieu de leur décerner de longs et pompeux éloges ; et le public reste
indifférent ; tant il est, hélas ! vrai que le bien lui-même est tenu de
faire un peu de bruit dans un pays où trop souvent les hommes sont
pris, non pour ce qu'ils sont, mais pour ce qu'ils disent être !

(2) Depuis que ces lignes ont été écrites, le projet est devenu loi et la
période d'exécution a commencé. Nombre de personnes ont été surpri-

Nous avons été heureux de voir , après nos désastres, cette virile préoccupation qui portait à examiner nos institutions, et à tâter les points faibles pour les renforcer. Si les professeurs ont besoin d'être excités ou repris, qu'on le fasse. Mais, avant de s'occuper de ceux qui enseignent, nous aurions voulu qu'on s'occupât de réformer ceux qui sont enseignés. Les besoins ne sont pas moindres ici, ils sont même beaucoup plus pressants. C'est la jeunesse, plus encore que ses maîtres, qui devrait éveiller toute la sollicitude de nos législateurs. Qu'on ne l'oublie pas. A part une poignée de travailleurs qui a permis de maintenir à un niveau de plus en plus élevé nos plus hautes épreuves, nous sommes sans action sur nos jeunes gens pour bien des motifs. Les uns, les principaux, ne sont ni de notre ressort, ni même de celui du législateur : c'est affaire de mœurs. Les pères de famille ont abdiqué, non pas devant l'adolescent, mais déjà devant l'enfant, qui n'est plus le doux tyran d'autrefois, mais le plus implacable despote. N'étant plus respectables, en tant que pères de famille, par cette abdication même, ils ne sont plus respectés et n'ont plus d'autorité comme tels. Ils ont surtout, et c'est ici le plus triste, corrompu l'enfant

---

ses de voir que, tandis qu'on avait surtout visé l'enseignement de la médecine à Paris, on n'avait guère fondé que des écoles de droit, et pas une de médecine. Ces personnes n'auraient pas été étonnées, si elles avaient mieux connu la nature des choses ; deux raisons expliquent cet entraînement : d'abord il est facile et relativement peu dispendieux de fonder des écoles de droit : quelques salles, quelques livres et quelques docteurs y suffisent. De plus, c'est le droit qui mène aux carrières et aux postes de gouvernement, c'est le complément d'éducation que Monseigneur l'évêque d'Orléans indiquait aux jeunes gens des familles riches, élevées, alors pourtant que l'Etat distribuait seul cet enseignement ; en un mot, c'est là qu'est l'influence ; il était donc certain que les premiers efforts se porteraient de ce côté. Il n'y a pas à s'en plaindre : c'est la meilleure démonstration de l'importance prédominante des études et des écoles de droit.

par l'abus de l'argent obtenu sans être gagné, sans être mérité. Le moindre de nos étudiants, s'il appartient à des parents un peu riches, dévore aujourd'hui ce qui eût fait autrefois l'existence d'une modeste famille ; rien ne flétrit davantage les jeunes âmes, rien ne les détourne de la science pure, de son amour pour elle-même, du vrai travail, pour les verser dans les jouissances matérielles, et la préparation hâtive et utilitaire des examens !

Enfin, et c'est ici que le législateur pourrait et devrait intervenir, c'est une opinion reçue que la capacité n'est pas la condition indispensable pour entrer dans les carrières publiques, ni même pour les suivre avec succès. On a pu dire, sans trop de paradoxe : la première condition pour occuper une place, c'est d'y être nommé. Il faut que cet état de choses cesse ; on sait combien est grand chez nous cet amour des places, quels désirs elles suscitent. Nos anciens rois faisaient tourner cette tendance au profit du Trésor public, faisons-la tourner aujourd'hui au profit plus noble et plus haut du travail et de la science. Ne nous en servons plus, comme on l'a pu faire, dans des intérêts politiques et de gouvernement ; et, pour cela, que toutes les carrières soient fermées à la pure faveur, et ne s'ouvrent que par des concours d'élimination, par des choix de sujets parmi lesquels devront être recrutés les élus. Nous avons là un admirable instrument qui n'a servi qu'au mal parce qu'il a toujours été faussé, qui n'a été jusqu'ici pour nous qu'un agent de décadence et de révolution, une cause de ridicule, tandis qu'il peut devenir un puissant levier de régénération ; qui a servi à démoraliser dans une mesure effrayante, tandis qu'il pouvait ouvrir une source féconde d'émulation et de travail ; servons-nous en aujourd'hui pour le bien, redressons-le, et nous obtiendrons, avec la plus grande facilité, plusieurs résultats également désirables.

D'une part, nombre de jeunes gens, les incapables et les paresseux, renonceraient aux fonctions publiques, ne trouvant plus de refuge dans les sollicitations et protections; surtout, s'ils manquent d'appuis, ils ne se nourriraient plus de l'espoir de bouleversements politiques pour pénétrer par effraction dans les places désormais accessibles au seul mérite. Voit-on dans les temps de révolution ces hécatombes de fonctionnaires dans les services publics ouverts par le concours, comme l'enregistrement, les ponts-et-chaussées, etc., etc.? De plus, le niveau des études ne tarderait pas à se relever sensiblement par la préparation de ces concours. Enfin, l'Etat, débarrassé de la horde de mendiants qui l'assaillent, serait tout autrement stable, et tout autrement servi; il aurait trouvé le moyen d'atteindre ces couches profondes d'hommes honnêtes, modestes et capables, que la tourbe des empressés a toujours dérobés à ses regards. A de semblables mesures, déjà appliquées à certains services, on ne trouve qu'avantages, on cherche en vain les inconvénients, on est d'accord sur le mal, on voit le remède dans la limite du possible. Aussi nous ne comprenons pas les hésitations de l'Assemblée nationale, et nous déplorons que les lois sur l'armée et la magistrature n'aient pas couronné notre espoir (1).

S'il arrivait que ce travail fût lu par des personnes étrangères à l'enseignement officiel du droit, ou le connaissant

(1) M. le garde des sceaux, Dufaure, vient de prendre une mesure à laquelle nous ne saurions trop applaudir; nous voulons parler de l'institution d'un concours entre docteurs en droit pour les postes d'attachés à la chancellerie et aux parquets de cours. C'est là un premier pas dans une excellente voie; nous espérons que tous les futurs ministres de la justice s'y engageront de plus en plus; car ils seront, comme M. Dufaure, plus soucieux de faire de bons magistrats que de se donner des clients.

mal, peut-être seraient-elles tentées de sourire et de pen-
ser tout bas que notre intérêt n'est pas étranger à nos
maximes. Pour répondre il suffirait, je crois, de rappeler
un mot prononcé dans la dernière discussion : que l'Etat
fait à ses professeurs du haut enseignement une situation
dérisoire (1); mais il y a mieux à dire.

Lorsqu'en 1790, l'Assemblée constituante fut saisie de
la question du jury pour le jugement des affaires civiles,
Tronchet, vieil homme de loi, ennemi de cette institution
dans ces matières, mais soupçonné, lui aussi, de parler
ainsi parce qu'il était *orfèvre*, répondait en ces termes :
« Si nous étions assez lâches pour sacrifier les intérêts de
la patrie à nos intérêts personnels, nous ne combattrions
point des plans qui ne pourraient que donner plus d'importance à notre ministère, s'il est vrai, comme il y a tout
lieu de le craindre, que leur résultat peut être de plonger
longtemps le royaume dans l'anarchie du pouvoir judiciaire. » Nous aussi, nous le dirons à notre tour; s'il est

---

(1) Cela est si vrai que les écoles libres ont dû donner à leurs professeurs des traitements supérieurs à ceux de l'Etat. Cependant, très-peu
d'entre nous ont quitté leur service ; encore ceux d'entre nos chers collègues qui ont opté pour l'enseignement libre ont-ils été déterminés,
nous en avons la certitude, par des considérations d'un autre ordre.
Voici, du reste, des chiffres. D'après le décret du 14 janvier 1876, les
agrégés des Facultés de droit reçoivent à Paris, 7,000 fr.; en province, de
3,000 à 3,500 fr.; les professeurs à Paris, 15,000 ; en province, de 6,000
à 11,000 francs, selon l'ancienneté et la valeur des services, etc. D'autre
part, nous avons reçu une note émanée de la Faculté de droit de Douai,
où il est parlé de 10,000 et 14,000 francs offerts et donnés aux agrégés
qui ont quitté l'enseignement de l'État pour les Facultés libres de Paris
et de province. — Ainsi la preuve est faite. Comme il était bien facile de
le prévoir, les membres des Facultés de droit de l'Etat ont un intérêt
pécuniaire évident à la création des nouveaux établissements, soit qu'ils
y entrent, soit qu'ils restent à leur poste, parce qu'il faudra bien que
l'Etat se mette à l'unisson.

vrai, comme il y a tout lieu de le craindre, que le résultat de la liberté de l'enseignement du droit puisse être de plonger la France dans l'abaissement ou l'anarchie juridique, nous ne devrions pas la combattre au point de vue de nos intérêts : car, restés bientôt seuls ou à peu près, dépositaires de la science, nous n'aurions qu'à gagner à l'affaiblissement général, et nous deviendrions chaque jour plus nécessaires !

Toulouse. — Typ. de Bonnal et Gibrac, rue Saint-Rome, 44.